Geschichten und Anekdoten um den Badischen Wein

Inhaltsverzeichnis

Rebenwurzelwerke

BADENER GELTEN ALS AUFGESCHLOSSEN, die in den Weinlanden zumal. Nun ja: Sie versperren sich nicht. Aber es lohnt sich schon, genauer hinzuhören. Dann wird offenbar, welch feine Grenzlinien sie ziehen können. So sehr sie den Weinverstand eines anderen schätzen, zum Beispiel, so radikal ist doch ihr Selbstverständnis: Wer nicht mit den Reben aufgewachsen ist, kann die Kaiserstühler nie ganz verstehen. Im äußersten Fall begrenzen sie das gar noch auf die Weinstöcke des eigenen Dorfes. Ja, tatsächlich: Deren Wurzelwerk verflicht auf eine merkwürdige Weise die Gemeinschaft.

Trauben wachsen im Rebberg. Weine im Keller. Beides hat sehr mit Menschen zu tun, die sie hegen. Das merkt man dem Wein durchaus an, wenn er fertig im Glase steht. So etwa den Gewächsen aus Tauberfranken, Badisch Sibirien, im Vergleich mit denen aus Franken als direktem Nachbarn und jenen der badischen Kernlande drüben am Oberrhein. Generationen von Weinfreunden haben dem Rätsel schon nachgespürt, das mit dem Standort allein nicht erklärt ist.

Badens Norden: einst Filetstück der Pfalz am Ostufer des Rheins. Badens Nordosten: fränkische Lande einst um die Tauber – geschichtenträchtig sind sie beide, weinselig sowieso. Aber badisch? Die Leute dort sehen ihre Ursprünge durchaus. Fränkische Art und alemannische, da zeigen sich schon zwei Welten. Ohne jede Wertung: Man kann es so sehen oder so.

Ihre Geschichten anzuhören, lohnt sich allemal, von Wertheim am Main bis zum Rheinknie bei Basel, von Weinheim bis Meersburg am Bodensee. Sie sind der Schlüssel zu den Menschen – und ihrem Wein.

Bernd Eusemann

’s Herbschdä

„DÜ BISCH HALT NIT mit die Räbe groß wurä.“ Abschließender Seufzer, ergebenes Achselzucken, Ende der Unterhaltung, die keine Übereinstimmung erzielen kann. So hört sich’s an, wenn die Älteren im Dorfe klagen: über die viele Arbeit im Weinberg, in *d’Räbe*, weil sie ihre Knochen spüren. So reden sie, wenn dann der Zugezogene leichthin fragt, warum sie dann die Reben nicht einfach abgeben? *„Hä dü hesch guet sage, dü bisch halt nit mit d’Räbe uffgwachse.“* Und dächte der Fremde wehmütig an den alten Wingert im Werngrund, wo noch seine Großeltern Reben pflegten, egal. Was kümmert die Kaiserstühler fränkische Sentimentalität.
Auf ihre Art verstehen sie die Sache ja auch ganz und gar richtig. Nicht der Winzer bestimmt den Lauf der Dramaturgie.

Im Dunst verschwimmt die Niederung.

Vielmehr gibt ihm der Weinstock den Takt vor, Monat für Monat, Jahr um Jahr. Wuchert das Laub, kämpft er gegen die grüne Blätterflut. Reifen die Trauben, muss er sie im Fall des Falles auch bei Regen lesen. Es formt das Leben der Menschen im Weinland früh, lang bevor sie das Sagen auf dem Hofe haben. Es ist schon so: Man wird mit den Reben groß, und auch die Jungen halten daran fest.
Viele jedenfalls. Mit ernster Ehrfurcht erzählen sie einem, welches Rebstück von der Vaterseite stammt, welches aus der mütterlichen Linie ererbt ist. Ja, manche kaufen gar noch zu, selbst wenn alles im Nebenerwerb bewirtschaftet wird, neben der normalen Arbeit bestellt werden muss. Aber da ist halt dieses oder jenes Stück, das beim Aufteilen durch frühere Generationen andere Wege ging. Und jetzt will's die Verwandtschaft abgeben, weil sie nicht mehr kann. Auf jeden Fall muss das in der Familie bleiben!
Mit d'Räbe groß wurä: Wenn's ans Herbsten geht, erfährt selbst der Neubürger, was das für die Einheimischen heißt. Da kann er beim Anruf im Rathaus schon mal hören, für sowas sei jetzt keine Zeit. Man möge sich mit seinem Anliegen wieder melden, wenn's *Herbschdä* vorbei ist. Sobald die Trauben reifen, sind alle aus dem Häuschen. Sogar wer selber keine Reben hat. Denn irgendein Verwandter im Dorf hat welche, und zur Lese werden alle Hände gebraucht. Erst recht, wenn lange Regengüsse übers Land ziehen und die Träubel aufplatzen, am Stock zu verfaulen drohen. Dann geht Hektik um im Dorf, sorgenvoll sind dann die Gesichter.
Im Bilderbuchherbst hingegen heitere Grüppchen, mitten im bunten Weinlaub, gerade so wie's der Prospekt den Touristen verheißt. Bei vielen Familien wird's zum Gemeinschaftserlebnis, trotz aller Arbeit, es klagt jetzt auch keiner mehr. Und obschon *nit mit d'Räbe groß wurä*, darf der zugezogene Nachbar

Durch den Hohlweg in die Reben.

doch mit als Erntehelfer, denn jede halbwegs geschickte Hand ist nun willkommen.
Ein Tresterschnaps belebt die Knochen, bevor es losgeht vom Hof in der Früh. Selbst wunderschöne Herbsttage zeigen sich nämlich morgens meist schon empfindlich frisch. Dann aus dem Dorf den Hohlweg hoch, hinauf ans Rebstück knapp unterm Wald. Bis zum Tuniberg räkelt sich unten das alte Ried, über dem jetzt noch die Nebel wabern unter der langsam aufsteigenden Sonne. Rasch treibt die Morgenkühle die Helfer in die Rebzeilen. Mit ihren Scheren knipsen sie die Träubel ab und füllen Stück für Stück die Eimer.
Den Biggiträger macht der Jüngste und Kräftigste in der Gruppe: Die Butte auf dem Rücken, läuft er durch die Reihen und bekommt die süße Last aus den Eimern aufgebürdet. Ist's Biggi voll, so kippt er den Inhalt in einen der großen Bottiche auf dem Wagen, was ihm die angelehnte Leiter etwas leichter macht. So geht es fort, Zeile um Zeile, der Himmel strahlt inzwischen im schönsten Blau des Herbstes, und die Sonne treibt den Schweiß aus den Poren. Die Träubel hängen prall und reif, allein schon beim Hineingreifen verströmen manche süßen, klebrigen Saft, und nach geraumer Zeit fühlt man sich schier im Wein gebadet. Das Jahr hat es gut gemeint, die Trauben bringen ein ordentliches Mostgewicht: *„s' hänn guet Öchsle zoge"*, lächelt der Winzer zufrieden in sich hinein.
Arbeit macht hungrig. Durst gibt es auch. Rasch die Bierzeltgarnitur vom Wagen gelupft und aufgestellt. Das Schäufele, daheim in der Früh schon vorgekocht, kommt aus dem Topf noch warm auf den Tisch. Schwarzwurst, Schwartenmagen, Speck, Essiggurken, Senf. Und natürlich Brot, das einige Familien noch immer selber backen, manche sogar im Holzofen. Der Tresterschnaps steht da, Wein fließt sowieso, rot und weiß, aus eigenem Anbau. Zwischen dem Kauen Fachsimpelei und

Dorftratsch. Es liegt eine heitere, fast schwebende Stimmung über den Herbstern. Und es liegt nicht am Wein allein.
Früher war alles anders. Schon immer. Und manchmal stimmt's sogar. Denn üppiges Vesper in den Reben ist nicht mehr überall die Regel. Da geht es heute oft nüchterner zu. Aber mancher Winzer hängt am Hergebrachten, beschwört geradezu das Alte, als wolle er so den Fluss der Zeit aufhalten. Dabei geht es den Leuten eher ums Erinnern als um kritikloses Verklären. Oh ja, sagen sie, früher wurde *bim Herbschdä* viel, viel mehr getrunken. Damals, als man noch die Ochsen vorspannte. Und dann am Nachmittag hoffte, es möge den holprigen Weg bergab die vollen Bottiche nicht umwerfen.
Das bewegt auch heute den Bulldogfahrer, der sich mit Alkohol ohnehin zurückhält. Am Steilstück legt er den kleinen Gang ein. Hinten den Hänger bremst ein Helfer noch eigens. Damit der reiche Herbst am Ende sicher in die Keller kommt.

Bocksbeutel aus Badisch Sibirien

MANCH FEURIGES PLÄDOYER wurde für ihn schon gehalten: den Bocksbeutel. Nicht des Inhalts halber. Da steckt in aller Regel ohnehin ein anständiger Wein drin, der der Verteidigung nicht bedarf. Oh, nein! Die Form der Flasche selbst ist es und ihr Name, die gewisse Verdachtsmomente nähren.

Da gibt es dann die verdrucksten Reden, wo an den Haaren Ähnlichkeiten herbeigezogen werden, wo man geheimnisvoll vom Bugsbeutel und vom Buchsbeutel raunzt. So erzählte man sich noch im Biedermeier gern die alte Geschichte von den heiteren Benediktinerinnen im fränkischen Kitzingen. Die nämlich ließen sich demnach vom Klosterknecht statt der Breviertaschen mit Wein gefüllte Beutel in den grünen Rebgarten tragen. Leider, leider hat's die Äbtissin bemerkt und dem fröhlichen Treiben ein Ende bereitet.

Und es gibt die feurigen Plädoyers, welche die ganze puritanisch verklemmte Deutelei mit einem Wisch hinwegfegen. Nichts von alledem! Die einfachste Deutung ist auch die treffende, der ganzen Prüderie zum Trotz! Man braucht ihn sich doch nur anzusehen, den Bocksbeutel, und schon springt einen die Ähnlichkeit mit dem Beutel des Bocks schier an. Dem Bauern war immer völlig klar, wo der Bürger erst einmal schluckt. Auf dem Land pflegte man eben derbe Direktheit statt hinter der Hand geflüsterte Zoten.

Übrigens nannte man früher mal eine fränkische Rebe ebenfalls Bocksbeutel, in der Pfalz wurde sie gelegentlich gepflanzt. Das rührte von der Form ihrer Trauben, ganz ebenso wie beim Trollinger, den die Schwaben so sehr lieben. Den wiederum nannten die Franken nämlich Hammelhoden. Jetzt endlich dürfte der Name Bocksbeutel bei allen bildlich angekommen sein?

Die Formensprache der Traube lockt manchen Vergleich.

Was aber soll der als Gefäßform schon mehr als zweitausend Jahre bekannte Bocksbeutel hier, egal ob vornehm keusch gesäubert oder obszön, so doch in jeder Hinsicht durch und durch fränkisch?
Da das Land um die Tauber vor zweihundert Jahren zum Spielball europäischer Politik wurde, fielen große Teile dieses alten fränkischen Weinbaugebiets an Baden. Man könnte eigentlich sagen, mitten in Franken beginnt die Badische Weinstraße. Mehr noch, zwischen Wertheim und Mergentheim läuft sie sogar durch eine der anmutigsten Landschaften. Weil aber dort schon zuvor der Bocksbeutel heimisch war, durfte er es auch nach der Umfirmierung von Franken nach Baden bleiben.
Neben dem lieblichen Namen Tauberfranken steht da freilich noch immer auch: Badisch Sibirien. Es muss wohl manchem badischen Beamten einst wie Verbannung vorgekommen sein, wenn man ihn etwa aus der Residenz Karlsruhe dorthin zum Dienst versetzte. Und selbst heute soll es unter Lehramtsanwärtern gelegentlich so sein, wenn sie statt im beliebten Freiburg ein Referendariat in „Badisch Sibirien" antreten sollen. Manche kommen dann doch noch auf den Geschmack, wozu der Wein sicher sein Teil beiträgt.
Obwohl es mit diesem so eine Sache ist, jedenfalls für weinkundige Franken. Ohne wenn und aber gehöre das Taubertal und seine Weine der Geographie nach zu Franken, befand vor hundert Jahren Josef Balduin Kittel, ein großer Förderer des Frankenweins und ein launiger Autor dazu. Wobei nun aber gewisse Übergangsmomente recht deutlich seien, der Wein sich schon sehr dem badischen Typ annähere. Einige Jahrzehnte später versuchte der Weinforscher und Rebenzüchter Hans Breider dem Rätsel des Tauberweins auf die Spur zu kommen – und fand die Antwort im Keller: Dort wollte man Weine von

eigentlich fränkischem Gerüst badisch lieblich machen. Und das haute nicht hin.
Denkbar klar und deutlich war sein Urteil damals. Gern wird behauptet, das Herz der Winzer dort schlage im Grunde noch immer fränkisch. Sei dem nun so oder auch nicht. Jedenfalls gingen in der jüngeren Vergangenheit manche von ihnen dazu über, ihre Weine stramm trocken auszubauen. Eine Lust für Liebhaber klassischer Frankenweine, wenn sie über die Grenze ins Badische Frankenland auf Entdeckungsfahrt gehen. Feine Tropfen solchen Charakters sind auch vor ihrem Gaumen gern im Bocksbeutel gelitten.

Trüffel mit Brägele

MANCHE GESCHICHTEN kommen so schön daher, da stellt sich die Frage nach der Wahrheit allenfalls noch ganz leise. Etwa jene vom alten Winzer mit seinen kulinarischen Eigenheiten. Der nämlich war demnach mitten im Kaiserstuhl unterwegs und trug ein paar unscheinbare Knollen mit sich in einem Spankörbchen. Nun lief er aber gerade einem gerühmten Gastronomen über den Weg, der die Trüffel natürlich sofort erkannte und ihn fragte, was er damit mache. „Ha joh", seufzt der Alte wohlig, die schnitzele er sich an seine *Brägele*, die Bratkartoffeln also, das schmecke einfach fein.

Wenn wir doch ein wenig nach der Wahrheit fragen, dann hat die Geschichte selbst da einiges zu bieten. Nicht nur in Frankreich und Italien wachsen Trüffel, nein, auch in deutschen Landen, das ist lange bekannt. Man findet sie bevorzugt in alten, aufgegebenen Weinbergen. Wenn in der Nähe ein lichter, von der Sonne durchfluteter Baumbestand aus Eiche und Hainbuche wächst, dann wird es spannend. Denn zwischen deren Wurzelwerk fühlt sich der begehrte Edelpilz in feuchtem Lößboden besonders wohl. Bedingungen also, wie man sie im Kaiserstuhl finden kann. Sogar Périgordtrüffel bekamen Forscher dort schon zu Gesicht.

Soweit also die botanische Wahrheit der Geschichte. Es steckt aber noch mehr dahinter. Vielleicht war der alte Winzer ja wirklich zu unbedarft, um den Wert seines Fundes zu kennen. Jedenfalls den in Geld gemessenen. Vielleicht aber steckt genau da der tiefere Irrtum. Weil er nämlich den kulinarischen Wert erkannt hatte, aß der Alte die Trüffel lieber selbst. Denn so schaffig der badische Menschenschlag auch auftritt, den Genüssen der Welt öffnet er sich doch weit, sehr weit. Und anders als man es seiner Stammesverwandtschaft drüben im Schwäbischen nachsagt, schaut er dabei nicht unbedingt aufs Geld. Der letzte große Irrtum legt dem Kenner ein mildes Lächeln über die Gesichtszüge: Bratkartoffeln. Die gelten gemeinhin eher als Magenstopfer denn als kulinarische Leckerei, Kleine-Leute-Essen eben. Und dazu edle Trüffel? Aber ja! Gelungene *Brägele* sind ein wahres Kunstwerk, das nicht viele beherrschen, selbst in Baden. So gilt unter Feinschmeckern ein guter Tipp häufig den wenigen Gasthöfen, die *Brägele* noch auf der Karte haben und in Vollendung auf den Teller bringen. Man isst sie zu Sulz oder Leberle und findet sie auch als Begleiter zum Rumpsteak keinesfalls fehl am Platz.

Ohne Sauschwänzle bleibt Suressen ein halbes Vergnügen.

Badische Küche präsentiert sich überhaupt als gelungene Mischung aus Bodenständigkeit und einer gewissen Verfeinerung, die gerne als französisch deklariert wird. Viel augenfälliger sind hingegen manche österreichische Küchenschlenker, die sich während langer Zugehörigkeit zum Habsburger Herrschaftsbereich einschlichen, das Land am Oberrhein hieß einst sogar: Vorderösterreich. Was nun die Gemeinsamkeiten mit elsässischer Kochkunst betrifft, so handelt es sich da um durchaus eigenständige Entwicklungen links und rechts des Rheins, jedenfalls nicht um schlichte Fortsätze einer französischen Küche. Übrigens zeigt sich auch die, genau besehen, als Nebeneinander von bodenständigen Regionalküchen.

Den Badener interessiert hohe Küchentheorie ohnehin eher am Rande, in den kalten Monaten schon gar, wo einige Gasthäuser doch noch immer Suressen servieren. Höchster Genuss den einen, sehen andere darin nur eine Schweinerei, die es ja tatsächlich auch ist: Brocken Fleisch, noch am Knochen oft, Innereien dabei, schon mal ein *Schweinsfüßle* und *Sauschwänzle*, denen manche besonders entgegenfiebern; dies in dunkler Soße, serviert in großen Schüsseln, aus denen alle sich aufschöpfen und das Essen gleich noch als besonderes Gemeinschaftserlebnis genießen; die Soße aber wird, in traditioneller Manier jedenfalls, mit dem frischen Schlachtblut bereitet und mit Gewürzen und Wein verfeinert. Darin liegen denn auch Rezeptvarianten. Und die Genießergemeinde wird nicht müde zu disputieren, welcher Patron darin das glücklichste Händchen hat. Wo der Silvaner wächst, in Baden keine Sorte von großer Bedeutung, greifen die Köche gern auf ihn zurück. Fürwahr, eine glückliche Wahl!

Noahs Gerank hinter Draht

DAS WAR WOHL EIN ERHEBENDES GEFÜHL. Die Begeisterung merkt man Oberforstwart Richard Bohn noch zwei Jahrzehnte später an, wenn er von seiner Entdeckung des Jahres 1939 berichtet. Damals nämlich stieß er etwas außerhalb des Dorfes Jechtingen an einem Altwasser des Rheins auf ein Prachtexemplar von Urrebe. So ganz erschließt sich seine Freude, wenn man weiß: Die einst am Oberrhein verbreitete wilde Urrebe galt da schon nahezu als ausgerottet. Sie war ein Opfer der Flussbegradigung mit sinkenden Grundwasserspiegeln, einerseits, andererseits aber auch Opfer blindwütiger Weinbauern, die sich vom Fehlglauben partout nicht abbringen lassen wollten, es handele sich hierbei um verwilderte Kulturreben, die es zum Schutze ihrer Edelreiser auszumerzen gelte.
Mit dem Verstand und dem Herzen des Forstmanns gleichermaßen beschreibt uns der Entdecker, wie sich jene Rebe auf einer Länge von sechzehn Meter den Stamm der mächtigen Eiche hochrankt, bis in die Krone; wie sie seitlich austreibt und an diesen Trieben Beeren üppig lasten; wie er diese kleinen, blauen Beeren kostet und zuckersüß findet. Klein und blau, so fand ich selbst die Beeren der Urrebe Vitis silvestris fünfzig Jahre später an ganz anderem Ort, aber zuckersüß? Sie waren eher sauer, zogen den Mund zusammen.
Kaum hatte damals der Forstmann seinen Fund kundgetan, schon reiste eine Expertenkommission an und bestätigte: Jawohl, es handelt sich wirklich um ein Exemplar der Urrebe, und sogleich flocht man zum Schutze selbiger einen Drahtzaun drumherum. In friedlicheren Zeiten hätte das vielleicht etwas nützen mögen. So aber wurde schon bald nach Kriegsbeginn am Humberg oberhalb von Burg Sponeck schier der ganze Wald zerschossen. Das überstand die Urrebe drunten

am Auewald noch. In den letzten Kriegstagen war auch ihr Schicksal besiegelt: Sie fiel dem Schanzbau zum Opfer.
Viel Lärm um nichts, mögen manche denken. Gemach! Ranken sich die Mythen schon üppig um den Wein an sich, so um die Urrebe erst recht. Immerhin gilt sie als Urmutter unserer Kulturreben, und selbst die Wissenschaft hat manchen Mythos um sie gedrechselt, von heftigem Disput ganz zu schweigen. So sah man beispielsweise einst im kaukasischen Raum ihre Urheimat, von wo aus sie sich später über die Alte Welt verbreitet haben soll. Da fällt einem doch die Bibel ein. Grob in jener Gegend vermuten manche den Ort, wo Noahs Arche nach der großen Flut wieder auf Grund fiel und er selbst sogleich in selbigem eine Rebe pflanzte. Und ebenfalls ganz grob in jener Gegend baute man bereits vor fünf Jahrtausenden Reben an und Wein aus.
Nun wuchsen freilich auch in unsern Landen schon Urreben, weit bevor überhaupt Menschen hier lebten, wie uns Versteinerungen erzählen. Als dann die Eiszeiten dicke Panzer übers Land legten, wichen sie zurück in wärmere Gefilde. Als aber die Gletscher schmolzen, sich zurückzogen, da kehrte die wilde Rebe zurück. Und die frühen Siedler hier, während der Steinzeit, haben ihre Beeren auch gesammelt und gegessen. Wunderlich wäre eher, wenn sie da nicht irgendwann mal vergorene genascht hätten, zumal der Vorgang ja von ganz alleine einsetzt. Von da zur Weinerzeugung ist's freilich schon noch ein guter Schritt.
Was nun die Entdeckung der Urrebe am Oberrhein betrifft, so gilt es hier zwei Männer zu würdigen. Karl Christian Gmelin heißt der eine, ein richtiger Badener, gebürtig in Badenweiler und später als Forscher die meiste Zeit seines Lebens in Karlsruhe tätig. Er veröffentlichte ab 1805 in mehreren Bänden eine Schilderung der Flora Badens, in der er als erster überhaupt

Im Auewald nahe Burg Sponeck wucherte einst die Urrebe.

die Urrebe am Oberrhein beschreibt. Übrigens soll es selbst Anfang des 20. Jahrhunderts auch bei Jechtingen noch hunderte der lianenartigen Pflanzen in den feuchten Auewäldern gegeben haben.

Der zweite Mann hingegen, Johann Philipp Bronner, wurde Ende des 18. Jahrhunderts als Untertan des Kurfürsten von der Pfalz geboren und noch während seiner Kindheit zu einem solchen des Markgrafen von Baden. Gewissermaßen spiegelt sich also in seinem persönlichen Schicksal das der Kurpfalz, deren rechtsrheinische Filetstücke wie Heidelberg und Mannheim damals an Baden gingen. Obwohl vom erlernten Beruf eigentlich Apotheker – er betrieb auch Apotheken –, schuf sich Bronner einen bleibenden Ruf als Weinbaupionier. Unter seinen vielen Schriften widmete er gerade sein letztes Buch von 1857 diesem Thema: „Die wilden Trauben des Rheinthales". Er stieß allerdings zunächst auf Ablehnung mit seiner Ansicht, es handele sich hier um heimische Wildreben und nicht um verwilderte aus alten, aufgelassenen Weinbergen der Römer.

Er sah das anders, und er hatte da bereits lange Forschungen hinter sich. Seit 1830 schon hatte er die Auewälder zwischen Mannheim und Rastatt durchmessen auf der Suche nach solchen Wildreben. Er fand dabei sogar unterschiedliche Formen und nahm Stecklinge mit. Die kultivierte er im Rebacker daheim, beschrieb und klassifizierte sie nach Gesichtspunkten wie Blüten und Blättern, Trieben und Trauben. Sicher war es für ihn von Vorteil, dass er nicht wie seine Widersacher von der Botanik her zu den Reben kam, sondern vom Weinbau. Auf dessen Spuren reiste er nämlich quer durch Europa und kannte sich auch mit den – damals noch sehr vielen – alten Kulturreben aus.

So widmete er sich auch der Frage, welche heimischen Reben eingeführt, welche hingegen wohl einst direkt aus rheinischen und Österreicher Urreben gezüchtet worden waren. Zu diesen zählte er – neben etlichen andern, von denen selbst der Name uns heute schon nichts mehr sagt – so bekannte und geschätzte Gewächse wie den Riesling, den Traminer und den Silvaner. Indem er heute längst Vergangenes dokumentierte, sind seine Arbeiten selbst für die Rebenzüchter unserer Tage noch eine wahre Fundgrube. Denn auch die Eigenschaften der alten Kulturreben sind weitgehend verloren, da nach den Reblauskatastrophen die Bestände in Europas Weinbergen völlig ausgetauscht wurden. Na, fast. Hier und da finden sich noch einige alte Stöcke aus den Jahren davor und man bemüht sich nun sogar, möglichst alle zu finden und zu bewahren.

Was jedoch die große Kontroverse betrifft, so ließen sich die Gegner der Wildrebenthese erst nach und nach überzeugen, als man Reste von der Urrebe in Grabungsschichten fand, die weit in die Zeit vor den Römern zurückreichten. Am Isteiner Klotz fand man, besonders spektakulär, vor achtzig Jahren ein Jaspisbergwerk aus der Steinzeit, wo die Menschen damals diesen begehrten Rohstoff für ihre Waffen und Werkzeuge gewannen. Den harten Kalk machten sie durch Feuersetzen mürbe. Als begehrten Brennstoff aber nahmen sie vor allem Wildrebe, wie die Forscher bei der Untersuchung von Holzkohleresten herausfanden. Kein Wunder, geben doch die Knörze von Rebstöcken eine sehr heiße Glut. Deshalb hütet sie mancher Winzer auch sorgsam, wenn er einen alten Weinberg ausreißt und neu anlegt – zum sommerlichen Grillen im Weinberg.

Professoren – abhängig vom Wein

IN FREIBURG MAG MAN'S GERN etwas größer. Schon immer. Geändert hat sich nur die Parademusik. So bemühten sich die Freiburger einst, mit ihrem Münster den Rivalen Straßburg rheinab auszustechen. Das wirkt schon fast ein bisschen hausbacken gegen heutige himmelstürmende Superlative, wenn die sonnenreichste Stadt in Deutschland sich feiert. Als läge darin auch nur ein Hauch Verdienst. Damit in Verbindung steht nun auch der Wein, welcher Sonne und Wärme zweifelsohne liebt. Da kann es kaum noch überraschen, wenn sich Freiburg auch gleich noch als rebenreichste Großstadt rühmt.

Nun gut. Rein formal mag es sogar stimmen. Tatsächlich wurden hier die Stadtgewaltigen früherer Tage auch tätig, damit es soweit kam: durch Eingemeindung. Allein dadurch verschaffte man sich die üppige Rebenpracht, die man sich nun wie Siegerlorbeer stolz ums Haupt windet.

Weinstöcke klettern den Schlossberg herauf.

Den dicksten Batzen schnappten sich die Städter vor knapp vierzig Jahren mit den östlichen Tunibergdörfern, von Waltershofen im Norden bis Munzingen im Süden. So viel Wein auf einen Schlag vermochten selbst die Mächtigen des Mittelalters, weltliche wie geistliche, ihrem Gebiet wohl nur selten zu gewinnen.
Nun ja. Kurz vor diesem Rausch notierte ein Freiburger Chronist mit mehr Bescheidenheit, der 1938 einverleibte Vorort St. Georgen am Fuße des Schönbergs trage durch seinen Weinbau dazu bei, dass Freiburg „nicht nur den Rebhängen am Schlossberg und seinen zahlreichen Weinstuben“ jenen hell klingen-

den Beinamen verdankt: Stadt des Weines. So viel vornehme Zurückhaltung gilt heute meist als antiquiert, leider. Dabei weiß jeder Kenner, dass grade beim Wein die Masse meist am wenigsten ausmacht. Übertragen gesprochen.
Nehmen wir hingegen das, was Freiburg von seinem städtischen Charakter her ist, auch immer war: Dann umfasst der Blick die alte Kernstadt und die historisch gewachsenen Vorstädte, wie sie die Flut der Besucher so sehr lieben. Und nicht nur sie. Sogar die Einheimischen haben eher dieses Bild im Sinn, wenn sie von ihrer Stadt sprechen. Dann freilich ist es rasch vorbei mit dem Rebenreichtum, der sich schlicht in Fläche misst. Dann schrumpft's rasch auf ein paar wenige Flecken.
Aber was für welche! Steil nach Süden geneigt: So grüßen die kleinen Weingärten vom Schlossberg herab zur Dreisam, hinüber in den Stadtteil Wiehre mit seinen Jugendstilhäusern. Wie ehedem heißt es hier: Handarbeit. Anders sind die Kleinstterrassen zwischen Weinbergsmauern kaum zu pflegen. Nicht anders eben als vor tausend Jahren, als hier auch schon Reben wuchsen. Die Weine aus dieser Lage sind gerühmt wegen ihrer differenzierten Aromen, in denen sich das Verwitterungsgestein des Gneises ausdrückt. Da verwundert es nicht, wenn fast alles gleich an die Genießer in der Stadt geht, die Gaumen im Umland verwöhnt.
Wer dennoch der Ranglisten bedarf, könnte sich gerade mit diesem Schlossberg schmücken, zählen ihn doch die Meister über solche Tabellenwerke unter die hundert besten Lagen Deutschlands. Gerät der Gast aber in einer der Weinstuben in der Stadt – weit weniger zahlreich inzwischen – zufällig an einen jener Besessenen, die das wahre Wesen des Weins nicht in Listen und Rekorden suchen, dann wird er vielleicht hören: Der Boden dort, reich an Nährstoffen, gewiss; auf den schrof-

fen Hängen die Sonnenglut, natürlich; aber das allein macht die Besonderheit noch lange nicht aus. Da gesellt sich weiter genügend Regen hinzu, deutlich mehr als drüben an Kaiserstuhl und Tuniberg, und unbedingt der Höllentäler: Jener in Freiburg so sprichwörtliche Wind, der Abend für Abend vom

Spargel sprießt im Tuniberg zwischen Reben.

Schwarzwald herunter und hinaus in die Rheinebene bläst. Er bringt nicht nur der Stadt frische Luft, er durchlüftet auch die Reben oben am Schlossberg, und das trägt sehr zur Güte der Weine bei.

Plätschert das Gespräch beim Viertele weiter vor sich hin, so wird der Einheimische dem Gast dann vielleicht noch vom Lehener Bergle erzählen. Dort wächst der Wein des alten Dorfes Lehen, einst ein ganzes Stück vor den Mauern der Stadt gelegen, mittlerweile längst eingemeindet. Von der Lage her kein Vergleich mit dem Schlossberg, ist aber doch die Fläche auch hier recht begrenzt, das meiste wird gleich an Ort und Stelle getrunken, sozusagen. Jedenfalls pflegen viele Freiburger gerne das Ritual, hinauszupilgern und in halbwegs dörflicher Kulisse, noch immer, ihr Lehener Bergle zu genießen.

Womöglich hört der Fremde hernach gar vom Lorettoberg, jenseits der Dreisam, wo es hinter ins Hexental geht. Statt rustikal wird's hier wieder ziemlich edel, sogar ganz wörtlich genommen: Denn das Markgräfler Land reicht bis ans Südufer der Dreisam, so ist das festgelegt, also mitten hinein in die Stadt. Deshalb vergessen die Freiburger auch nicht, als Besonderheit den Gutedel zu nennen, der deshalb gewissermaßen fast im Herzen ihrer geliebten Stadt gedeiht. Und der nun mal der Wein des Markgräfler Landes ist. Verwässern wir ihnen die Freude nicht; behalten wir die kleine Spitze still bei uns; denn auch das Revier um den Lorettoberg, von der Stadt aus gesehen jenseits des Flusses, kam erst vor gut hundert Jahren an selbige.

Auch ohne jeden Superlativ an Rebfläche war die Stadt dem Weine in vielfältiger Weise verbunden, schon immer. Nehmen wir etwa nur die Freiburger Universität: Bei der Gründung stattete man sie mit eigenen Weinbergen aus, dazu kamen gar noch Äcker und Vieh. Nun, das lieferte im System jener Zeit einfach die wirtschaftliche Basis. Aus den Erträgen wurden auch die Herren Professoren bezahlt. Was manche jetzt vielleicht schon ahnen, gestaltete sich wirklich so: Da die Natur nun mal mit guten und mit schlechten Ernten aufwartet, schwankten die Erträge von Jahr zu Jahr. Und ebenso schwankten damals im gleichen Takt die Einkünfte der akademischen Lehrer.

Tatsächlich ging das so, bis die Stadt – und mit ihr die Universität – vom Hause Habsburg an Baden überging. Das war 1806, seither erst beziehen die Professoren hier ihr festes Gehalt. Daher kommt es auch keiner Rufschädigung gleich, wenn man sie – früher – als abhängig vom Weine bezeichnet. Einen guten Tropfen werden manche noch immer schätzen, und nach wie vor werden sie fündig an ihrer Universität. Die nennt bis heute Reben ihr Eigen, wenngleich die aktuellen Weinberge auf eine jüngere Stiftung vor gut fünfzig Jahren zurückgehen.

Eine Stadt mit solcher Tradition wie Freiburg hat vieles, was das Staunen, das Verharren lohnt. Der Dichter Reinhold Schneider war so ein Empfänglicher. Berührend die Schilderung im August 1946, als er seiner geliebten, verlorenen Stadt nachtrauert. Er beschwört, wie am späten Nachmittag von den Vogesen herüber das Licht in breiten Bahnen auf das Fenster seines Hauses fällt – und wie sich dann wunderbare Dinge ereignen: „Ein Strahl des Abendlichtes erreicht durch den Spalt zwischen den Vorhängen die Blüten oder das Glas heimatlichen Weines auf dem Tisch und taucht Blüten und Wein in ein höheres Leben."

Diese Gedanken und jene Geschichten atmen den Geist des Weines. Er kann den Gedanken Flügel verleihen, selbst den schweren. Aber Substanz müssen sie haben, das wenigstens. Dumpf am Boden hingegen lastet die schlichte Zahlengigantomanie, die doch stets nichts anderes ausdrücken kann als immer nur wieder: sich selbst, die nackte Zahl.

Kaiserstühler auf dem Schwarzwald

FURTWANGEN? WEIN? Daran denken sicher nicht viele, wenn die Rede auf das Schwarzwald-Städtchen kommt. Doch mancher Kaiserstühler erinnert sich noch, wie das damals war: beim Wiederaufbau, im Wirtschaftswunder, in den Fünfzigern. Hemdsärmeligkeit galt nicht als Grobheit, nein, sie wurde mit einer gewissen Bewunderung bedacht. Auf ehrliche Weise an anderer Leute Geld zu kommen, ist nie ganz einfach. Auch dann, wenn man ihnen edle Tropfen dafür bietet. Schließlich gab es schon damals genug Konkurrenz, in vielen Kellern Badens reiften anständige Weine heran. Also krempelte in mancher Winzergenossenschaft der Boss selbst die Ärmel hoch und wuchtete die Weinkisten auf den Laster. Schwang sich hinters Lenkrad und holperte los. Ein Halbstarker aus dem Dorf fand sich eigentlich immer, der mithalf, und schon ging's den Schwarzwald hoch. Sie klappern Wirtshäuser ab, die Tour führt von Gasthof zu Gasthof,

Der Wein zieht seine Spur vom Rheintal hoch in den Schwarzwald.

wo man seine Abnehmer hat. Die brauchen, hoffentlich, Nachschub für ihre Gäste. Und winkt ein unbekanntes Wirtshausschild übern Weg, so halten sie auch da. Schließlich ist es immer einen Versuch wert, mögliche Kunden von der Qualität eigener Gewächse zu überzeugen.
Die Laster spuckten damals dicke, stinkende Dieselrußwolken aus, die Straßen waren schmal und kurvenreich und oft in schlechtem Zustand. Aber was die beiden Weinpropheten in eigener Mission da antrieb, war beste Händlertradition, wie sie seit Jahrtausenden sich bewährt: Hinausziehen mit seiner Ware, zum Kunden gehen. Auch in Furtwangen trinken sie

Wein, an langen Winterabenden in rauchigen Wirtshausstuben die Einheimischen, sommers die Feriengäste sowieso. Beim Feilschen um Preise und Konditionen, beim Palaver zwischen Wirt und Lieferant, rinnt mancher Schluck die Kehlen hinab. Promillegrenzen lagen damals noch nicht so niedrig, Alkohol galt kaum als Problem. Am Abend rollte der Laster wieder hinunter, hinaus ins Rheintal, zurück an den Kaiserstuhl.

Furtwangen? Wein? Doch, für kundige Heimatforscher wenigstens geht das prima zusammen. Denn die beiden fahrenden Weinhändler aus Wirtschaftswunderzeiten können auf eine lange, stolze Reihe an Vorgängern blicken, die mit noch mehr Mühen die Schwarzwaldhöhen erklommen. Wein aus dem Breisgau war schon im Mittelalter begehrt. Von dort führte einst ein Weg durchs Simonswälder Tal hinauf nach Furtwangen, hinüber zur Baar und ins Schwäbische. Als eins der wichtigsten Güter verfrachtete man Wein auf dieser Route, der Stadt Freiburg ein Dorn im Auge. Und sie schaffte es tatsächlich, diesen Weg eine Weile zu blockieren, die Fuhrwerke auf den Wagensteig hinter Freiburg und damit durch den städtischen Zoll zu zwingen.

Selbst das ist bereits ein spätes Kapitel der Geschichte, denn lange bevor im Mittelalter über den Kilben die Fuhrwerke sich hinauf nach Furtwangen quälten, verlief hier schon ein uralter Saumpfad. Gingen ihn gar die Kelten? Gut denkbar, denn sie siedelten zu beiden Seiten des Waldgebirges, und sie transportierten verschiedenste Güter über weite Strecken. Auch den Wein schätzten sie. Diesen, mitsamt edlem Trinkzubehör, verfrachteten sie aus den griechischen Kolonien in Südfrankreich in ihre Stammlande, lange bevor die Römer ihre Weinkultur an den Oberrhein brachten. Die Kelten zogen mit ihren flachen Booten die Rhône herauf, schafften die Ware dann über Land an den Rhein, wo sie erneut auf Boote verladen wurde. Breisach am Kaiserstuhl diente als großer Umschlagplatz, dort betrieben sie gewissermaßen einen Rheinhafen, modern gesprochen, fürs weite Umland.

All diese Geschichten hatten die beiden wackeren Weinlieferanten bestimmt nicht im Sinn, wie sie während der Aufbaujahre durch den Schwarzwald tourten. Sie folgten bester Händlertradition und suchten nach Kunden. Das Geschäft gestaltet sich heute nicht einfacher. Die eine Reaktion besteht in ständiger Klage: Erst über die bösen Konkurrenten aus Italien und Frankreich, heute selbst noch in Kalifornien und Australien. Die andere sucht nach Wegen, der Konkurrenz ein Schnippchen zu schlagen.

Gerade junge Winzer entdecken da eine gewisse Hemdsärmeligkeit in neuem Gewand. Mit frischen Ideen in Weinberg und Keller basteln sie an feinen Gewächsen, statt Sortenmoden und Modenmarketing nachzuhecheln. Und einige von ihnen freuen sich gar nicht erst lang des frischen guten Rufs, sondern erinnern sich des uralten Händlergeistes. Ihre besten Qualitäten packen sie in die Kühltasche, besuchen manch renommierten Gasthof und schenken dem Patron ein. Das wird ihn überzeugen. Und so finden sich Wege, auf anständige Weise ans Geld anderer Leute zu kommen.

Rotgoldige Aussichten

„*WÄNN'S FIR E GUETI ROTI nit längt, no mache mer halt Wißherbscht.*“ Den Spruch kann man schon mal hören am Kaiserstuhl. Und vielleicht ist der erste Weißherbst ja wirklich so entstanden: Kein guter Herbst, oder die Träubel hängen sonst traurig am Stock; jedenfalls nicht von der Art, wie der Spätburgunder sie haben müsste, um einen Rotwein von Klasse zu bringen. Also nimmt man den Most nach dem Trotten alsbald von der Maische. Am Ende der Gärung steht dann im Glase ein durchscheinender Wein, der einen mehr oder minder kräftigen Rosé-Ton zeigt. Leicht und spritzig, lieben ihn viele gerade an warmen Sommertagen. Durchaus kein Ausschuss.

Warum aber bleibt er so hell, wo er doch aus der tiefblauen Spätburgunder Traube gekeltert wird, die sonst den satten dunklen Roten bringt? Nun, hierfür liegt der Most aus gesundem Lesegut länger auf der Maische, so findet die Gärung statt. Da ist genügend Zeit, aus den Traubenschalen Farbe und weitere Inhaltsstoffe aufzunehmen. So bekommt der Wein neben dem warmen Rot-Ton zudem noch geschmackliche Nuancen, die seinen Charakter erst ausmachen.

Nun ist aber nicht alles Rosé, was rosafarben im Glas steht. Gerade eine andere Spezialität aus dem Weinland Baden, neben dem Spätburgunder Weißherbst, wird oft ganz zu Unrecht so geheißen. Da ein Rosé immer aus Rotweintrauben gewonnen wird, ist Badisch Rotgold eben keiner. Hier handelt sich's um einen klassischen Mischwein aus rotem Spätburgunder und weißem Grauburgunder. Dazu lässt es der Kellermeister aber nicht aus verschiedenen Fässchen in eines laufen. Nein, entweder trottet er eine Mischung aus den beiden Traubensorten selber, oder er mischt gleich nach dem Trotten die Maischen, jedenfalls aber

wird schon die Mixtur zum Wein vergoren. So gewinnt er dann einen kräftigen Roséton, ohne jedoch ein Rosé zu sein.
Es ist noch gar nicht so lange her, da pflanzten die Winzer ohnehin verschiedene Reben im Weinberg durcheinander. Und schnitten beim Herbsten unterschiedslos alles gleichermaßen ab, zur selben Zeit in die nämlichen Bottiche, und vergoren den

Spargel und Weißherbst in trauter Zweisamkeit.

Mischmasch zu Wein. Ganz und gar üblicher Brauch war also früher sowieso der Mischwein. Aus dem Blickwinkel gesehen entspricht Badisch Rotgold einem Mischanbau von Spätburgunder und Grauburgunder, auch wenn sie heute im Rebberg nicht wild durcheinander stehen. Der früher gepflegte Brauch war für den Winzer eine Art Versicherung. Weil nämlich frühe und späte und sonst unterschiedlich ausgeprägte Sorten im Verbund wuchsen, konnte der Wein immer noch ganz gut geraten, wenn eine durch Frost oder andern Schaden ausfiel.

Die schwäbischen Stammesgenossen der Badener überm Schwarzwald drüben schätzen diesen Mischwein übrigens ebenfalls. Bei ihnen heißt er allerdings Schillerwein. Denn „Badisch Rotgold“, mitten in Württemberg – das wäre ja noch schöner!

Der Pfarrer vom Bodensee

EIGENTLICH WAR ER gar nicht vom See, sondern gebürtig aus dem Schwarzwald. Aber Pfarrer empfand er irgendwann wohl schon als Berufung. Wären da bloß nicht all die andern Berufungen auch noch gewesen. So hinterließ Heinrich Hansjakob eine Spur in der Welt, – als Dichter, als Politiker, als ewig Unzufriedener –, die einem wahrhaft den Atem rauben kann. Selbst mit Wein und Weib hatte er zu tun, welch letztere Begegnung dafür sorgte, dass er sogar drei Söhne hinterließ. Und gleich von zwei verschiedenen Frauen. Wobei er sich als katholischer Pfarrer noch nicht einmal einer in solcher Weise hätte nähern dürfen.

Das Angebot der Weinhändler für den Jahrgang 1881 nannte der Dorfpfarrer einen Schandpreis. Gut ein Jahrzehnt zuvor war er an den Bodensee gekommen. Mit vielen Wassern gewaschen, – hatte er da doch schon viel Streit und Festungshaft wegen staatsfeindlicher Äußerungen hinter sich, – überzeugte er die Weinbauern vom Zusammenschluss. Das gab ihnen die Möglichkeit, die Ausbeutung hinter sich zu lassen und mit den Weinhändlern gute Preise auszuhandeln. So kam es in Hagnau am Bodensee zur Gründung des ersten Badischen Winzervereins. Hansjakob wurde Vorsitzender und übernahm in der Anfangszeit auch zupackend den Weinverkauf. Schon drei Jahre später ging er wieder, um in Freiburg die Stelle des Stadtpfarrers zu übernehmen.

Aber er hinterließ ein Beispiel, dem andere folgten. Der Hagnauer Wein war schon vorher im Blick von Kirchenmännern. Die wussten einen guten Tropfen allweil zu schätzen. Weinberge gehörten zur Grundausstattung der Klöster, auch als wirtschaftliche Basis. Eine ganze Reihe bedeutender Klöster hatte hier Interessen und Rechte. Deren stattliche Amtshäuser im

In der Kartause zu Freiburg schrieb Hansjakob Buch um Buch.

Ort legen beredtes Zeugnis ab. Der Hagnauer ist noch immer Kult, im neudeutschen Wortsinn: Der muss es sein, verkünden gelegentlich Vierteleschlotzer vom Bodensee. Treibende Kraft bei solchen Erscheinungen sind eher Moden und Herdentrieb. Vielleicht hilft Heinrich Hansjakob ja noch immer, mit seinem Nimbus als Rebell, der sich sogar mit seinen Kirchenoberen anlegte. So etwas kommt in Baden immer gut, als historische Verklärung zumal.

Gute Stube unterm Münsterturm

DA KANN MAN SEIN HÄUSCHEN drauf wetten: Geht's um die alten Weinstuben, die guten alten Weinstuben, dann gab es keine Standesunterschiede. Das behaupteten noch alle schwärmerischen Schreiber, schreibenden Schwärmer. Egal, ob sie nun jene Frankens besangen oder die in der Pfalz oder irgendeiner andern deutschen Weingegend. Anscheinend macht der Wein irgendwie alle gleich. Woran das liegt? Nun, vielleicht doch weniger am Wein. Womöglich hat es eher mit dem Streben nach politischer Freiheit und Macht zu tun, die das Bürgertum im 19. Jahrhundert bewegte. Das legt doch immerhin die Lektüre von Briefen und Reiseberichten aus jener Zeit nahe, wo sich der Mythos massenweise findet. Und sie wollten Standesschranken einreißen, die Bürger, jedenfalls nach oben, zur Adelskaste hin. Der Landmann indes erscheint in jenen Schriften verklärt. Doch lassen wir das den Akademikern zum Erforschen. Und wetten unser Häuschen drauf: Die Geschichte klingt auch in Freiburg nicht anders.

Und wirklich, wie sollte sie denn. Ganz selbstverständlich kommen die alten Freiburger Weinstuben als ewiger Stammtisch daher. Es schwärmen ihre schreibenden Verehrer von der Abwesenheit aller Standesunterschiede, wo sich vom frühesten Morgen bis weit in den Nachmittag unterschiedlichste Gäste die Plätze warm hielten: Marktfrauen und Handwerker, Rentiers und Professoren, Kaufleute und Korpsstudenten. Sie alle mögen gekommen sein, vielleicht sogar nach festem zeitlichen Ritual über den Tag verteilt, wie es ihr Tagwerk, ihre Gewohnheit eben diktierte. Aber ob tatsächlich die Marktfrau vom Kaiserstuhl mit ihrem Stand unterm Münsterturm des frühen Morgens schon in der Weinstube ihr Viertele schlotzte und Leberle sauer vertilgte?

Gern überlassen wir auch diese Frage akademischen Zirkeln zum weiteren Beforschen, ebenso jene, ob und wie weit bei all dem Publikumswechsel der verklärte Sprung über Klassengrenzen stattfand. Denn es ist ja wirklich interessant, wie sich das gerade um die alten Weinstuben rankt. Übrigens war der bürgerliche Kampf um Emanzipation ja gerade in den Weingegenden Baden und Pfalz sehr stark und prominent, hinterließ gar bleibende Mythen, die der Bürger bis heute pflegt: Friedrich Hecker hier, der revolutionäre Geist, das Hambacher Schloss da. Und viele der Vorkämpfer hatten wirklich mit Reben und Wein zu tun, nicht nur als Trinker. Hecker etwa, als er Baden den Rücken gekehrt hatte, baute in seiner neuen Heimat Amerika nicht nur Wein an, er widmete sich auch intensiv der Forschung an Reben und korrespondierte darüber rege mit dem Weinforscher Adolph Blankenhorn in der alten Heimat.

Freilich erscheint auch den schwärmerischen Chronisten der Zweite Weltkrieg als Zäsur. Freiburgs alte Weinstuben erstanden danach nicht wieder so, heißt es, schon gar nicht die zerstörten beim Wiederaufbau. Doch auch für die anderen hatten sich die gewohnten Rituale irgendwann überlebt, waren neue Konzepte gefragt. Nach wie vor werden ums Münster Viertele getrunken, natürlich. Manche sehen hier noch immer die Gute Stube der Stadt. Aber das Publikum hat sich gewandelt, selbst wenn sich auch weiterhin Honoratioren an Stammtischen einfinden. Möchte man sagen und stockt und fragt sich, ob der Begriff sich heut überhaupt noch deckt mit Leuten wie diesen dort an jenem Wirtshaustisch. Ihren Gesprächen lauschend, fragt man sich weiters mit Blick auf die alten Fotos und Bilder an der getäfelten Wand in der Gaststube, ob es das dort beschworene Flair solider Bürgerlichkeit mit einem leichten Hauch Bohème so jemals gab?

Weinstuben rund um den Münsterplatz ...

... und das Münster ruht mahnend dazwischen.

Auf jeden Fall aber gibt es noch die alten Geschichten, die Anekdoten aus jener Zeit. So etwa die vom Franzele, dem Baron Franz von Neveu, der auf Schloss Biengen südlich von Freiburg residierte. In jenem Dorf hat man ihn 1916 auch als Letzten seines Geschlechts begraben. Über ihn sind jede Menge Erzählungen und Schnurren in Umlauf, da der offenkundig überaus leutselige Mann damals sehr populär war. Ja, er gilt bis heute mit seinem Humor geradezu als personifizierte badische Biederkeit.

Von ihm also erzählt man sich, wie ihn der Erzbischof im Freiburger Münster freudig begrüßt habe, da er zu so ungewohnter Stunde hierher zum Gebete kam. Dabei wollte Franzele doch nur den kürzesten Weg vom Rappen auf der einen Seite des Münsterplatzes zu Hummels Weinstube auf der anderen nehmen. Und der führt nun mal durchs Kirchenschiff.

Legende ist der Sinn des Barons für leibliche Genüsse und Gelüste, verbürgt auch mit etlichen andern Geschichten. Selbiger Zusammenhänge halber erinnert man sich seiner nämlich auch bis heute noch in Bad Krozingen. Half der beliebte Landadlige doch, den Krozinger Schwartenmagen landauf, landab zu popularisieren. Fuhr er im Orte vor mit seiner Kutsche, so ließ er mit blinder Gewissheit beim Eckerle-Metzger stoppen, um sich ein gutes Stück Schwartenmagen zu holen, nebst weiteren Würsten. Oft genug, heißt es, war nichts mehr davon da, bevor er überhaupt daheim in seinem Schlosse anlangte.

Noch immer legt sich das Münster in Freiburg sperrend zwischen die Gasthäuser zu beiden Seiten des Münsterplatzes. Und auch heute nimmt mancher nach wie vor den kürzesten Weg gerade durchs Kirchenschiff statt außen herum. Allerdings kaum mehr, um schneller von einem zum nächsten Viertele zu kommen. Gemessen an den alten Geschichten, wie wahr sie nun im Detail oder in ihrer Gesamtheit sein mögen, ist Freiburgs Gute Stube jedenfalls profaner geworden. Der eine oder andre Gastronom versucht, an die alte Weinstubenseligkeit anzuknüpfen. Der eine oder andre Freiburger kehrt mit Geschäftsfreunden oder Besuchern von auswärts ein und tut für einen Abend so, als sei gerade hier die Zeit langsamer verflossen als draußen vor der Tür.

Hoselips im Sturm

GEMEINHIN GELTEN FRAUEN oft als besonders empfänglich für Übersinnliches oder Rätselhaftes, doch jedenfalls mit Vernunft nicht zu packende Dinge. Falls dies allgemein wirklich so sei, wird man es zumindest als Beobachter bäuerlichen Lebens am Kaiserstuhl differenzierter betrachten müssen. Hier nämlich hat das Festhalten am Herkommen, die Abhängigkeit von Naturgewalten manchen Glauben und manch alte Geschichte bewahrt, denen Weibsleut und Mannsbilder ohne Unterschied anhängen.

Umgeben von vielen Weinbergen liegt das Winzerdorf Bahlingen noch heute an der Ostflanke des Kaiserstuhls. Früher aber war der Weinbau die wirtschaftliche Basis seiner Bewohner. Die Abgaben beglichen sie in Form von Wein, der an den Keller im Rathaus geliefert wurde, wo er dann in den Fässern lag. Bei guter Gelegenheit konnte man ihn hernach an Weinhändler verkaufen. Auf einem dieser geschnitzten Holzfässer stand eine merkwürdige Figur, ebenfalls aus Holz und rund einen halben Meter groß: der Hoselips.

Vielleicht schuf ihn einst ein Küfer, der sich plötzlich zu künstlerischer Arbeit berufen fühlte. Und womöglich wollte er da den Weingott Bacchus ins Fassholz bannen. Darauf deutet jedenfalls ein Dorfspruch, der zugleich ein Licht auf das Urteil der Dörfler wirft: „Ein Bacchus sollte es werden, der Bursch' schaut grimmig drein, der Küfer mit dem Schlegel verstand es nicht gar fein.“ Aber sie litten ihn wohl als Wächter ihrer Fässer, glaubte man doch, er sorge auch für einen guten Herbst. In der Tat sollen diese während der Folgejahrzehnte durchweg gut gewesen sein. Dank seiner waren die Fässer prallvoll.

Als wieder mal Wein mehr als genug im Rathauskeller lag, kam ein Mannheimer Weinhändler, der den Wein abnehmen

Der Weingott vom Blankenhornsberg in seinem Element.

wollte, wenn er auch den Hoselips bekäme. Bürgermeister und Rat dachten sich, wem liegt schon an dem angemalten Holzklotz, und so gaben sie dem Händler den armen Hoselips mit. Armes Bahlingen, ab da war's vorbei mit dem reichen Herbst, eine Missernte folgte der nächsten.

Unruhe und Angst verbreiteten sich im Dorf. Was war da los, was ist mit unserm Hoselips? Es flog natürlich auf, und nun war allen klar: Dies schändliche Handeln, das Verschachern des Hoselips ließ der sich nicht gefallen. Und mochten einige wenige im Dorf dies Phänomen und seine Deutung noch so wenig überzeugend finden: Die Dörfler in ihrer Mehrheit glaubten die Geschichte und verlangten die Rückkehr des Hoselips. Die Ratsherren mussten nunmehr als Bittsteller auftreten, zum Glück aber hatte der Weinhändler ein Einsehen und rückte den verunglückten Bacchus wieder heraus.

Seither wacht der Glücksbringer wieder über die Fässer und die Bahlinger verwahren ihn sicher und fest im Rathaus, damit ihnen solche Unbilden nie wieder drohen. So weit also die alte Geschichte. Wer aber heute offenen Ohrs unter Kaiserstühler Winzern sich bewegt, kann gelegentlich noch immer Geschichten hören, wo irgend jemand, irgendetwas auf merkwürdige Weise verhext scheint. Meist sagen sie es so, als sei das Weiberkram, an den kein gestandener Kerl glaubt. Doch oft genug verrät der zögerliche Unterton dabei etwas anderes. Und wirklich: Wer je das urtümliche Schauspiel eines durch die Rheinebene heranbrausenden Gewittersturms auf einem der Kaiserstuhlgipfel erlebte, der weiß hernach, wovon diese Menschen sprechen, bekommt ein Gefühl für den Glauben an solche Geschichten, selbst wenn er sie selbst noch immer nicht glaubt.

Wein gegen Stein

SOMMERS WANDERTE der große Basler Kunsthistoriker Jacob Burckhardt nach Istein und setzte sich in die Nesseln. Als er nämlich in Haltingen einkehrte und den Isteiner Wein übern grünen Klee lobte, beschied ihm der Hirschenwirt bärbeißig, „der Isteiner sei nur ein ganz kleines Wynli und verdanke seine Überschätzung in Basel nur gewissen alten Herren", erinnerte sich Burckhardt später, „welche dabei von denselben Gründen ausgingen, aus welchen andere alte Herren in Italien den so genannten Piciatello schätzen." Mit überlegener Kennerschaft und Weltläufigkeit will da anscheinend einer die Gewächse beim Nachbarn runtermachen – dörfliche Rivalität eben, wie überall.

Nun, was den Wein betrifft, so urteilte Victor von Scheffel (obschon er das berühmte Frankenlied dichtete ein Badener), auf dem Klotzen wachse „ein guter Tropfen Weines". Aber vielleicht hat ihn da auch der wirklich imposante Isteiner Klotz mehr beeindruckt, ein schroffer Kalkfelsen, den einst der Rhein umspülte. Was aber die etwas kryptischen Bemerkungen des Wirtes zu alten Männern anbelangt, so kommen wir denen doch vielleicht übers Weinlob auf die Spur. Von jeher wurde dem nämlich auch heilsame Wirkung nachgesagt. Gewechselt haben allerdings immer mal wieder die Leiden, welche er mildern soll. Just den Isteiner Weinen jubelte man vor zweihundert Jahren zu, sie wirkten lindernd bei Blasengrieß. Freilich wissen wir nicht, ob gerade ältere Kirchenmänner besonders an Nierensteinen zu tragen haben. Allerdings schrieb der badische Historiker Carl Gustav Fecht Mitte des 19. Jahrhunderts: „Frühe schon bauten die Leute des Domstiftes an den Berghalden die süße Traube, und der ‚Isteiner' war den Basler geistlichen Herren und ihren Gästen schon damals eine

Närrische Zeit und Gastlichkeit im Markgräfler Land.

willkommene Gottesgabe.“ Tatsächlich war Istein bereits im Besitz des Hochstifts Basel, als es 1139 erstmals erwähnt wurde. Und das blieb es bis 1803, als es an Baden gelangte. Bei welcher Gelegenheit allein der Weinbau zu Istein die Gnade des badischen Landvogts fand, der die Besitzungen des Hochstifts Basel dafür zu begutachten hatte.

Die fälligen Abgaben an Wein karrte man früher auf dem Landweg nach Basel – wenn eben sichere Zeiten herrschten. Zogen hingegen gerade Reisige durch die Gegend, lud man die Fracht lieber aufs Schiff. Oft genug wird's der Fall gewesen sein, in dieser schönen, von Kampf und Krieg nur selten verschonten Ecke am Rheinknie. Während des Dreißigjährigen Krieges etwa konnte mancher Herbst der marodierenden Landsknechtshaufen halber nicht einmal eingefahren werden, geschweige denn getrottet und im Keller ausgebaut.

Wenn sie aber herbsten konnten, so brachten sie das Lesegut auf Waidlingen zum Meierhof, bevor längs des Flusses ein Sträßchen gebaut wurde, erst Mitte des 19. Jahrhunderts war es so weit. Was die Waidlinge betrifft, so waren das flache, kompakt gebaute Holzboote, die auch zum Fährdienst übern Rhein dienten. Die wertvolle Last aber, der Herbst, bestand damals meist aus roten Trauben. Die heute überwiegenden weißen begannen ihren Siegeszug in jenem Raum im 18. Jahrhundert, als man entsprechend umstockte. Auch was nicht des Bischofs war, ging dennoch zu großem Teil nach Basel an die dort lokalisierten Weinhändler.

Ob Haltingens bärbeißiger Hirschenwirt ebenso über gewisse alte Männer seines Ortes herzog? Auch dieses Dorf nämlich gehörte im hohen Mittelalter dem Basler Bischof. Dessen Winzer begingen damals zum Ende der Lese den Herbstzug: Da schnitten sie ein besonders schönes Traubenbündel aus dem letzten Rebberg und hingen es über einen Stock; den trugen zwei Männer, die andern folgten hinterdrein; so ging es an des Bischofs Hof. Dort erfreuten sie sich nicht nur am gereichten Vesper. Nein, die Obrigkeit ließ sie sogar in die Badstuben. Die aber waren, so muss man hierzu wissen, damals so etwas wie öffentliche Vergnügungsorte. Ganz oben in der Gunst standen da oft andere Lustbarkeiten als bloß ein schnödes Bad. Viel lieber huldigte man doch Wein, Weib und Gesang. Das ganze hieß dann „Herbstbad“.

Badisch-pfälzische Weinverwicklungen

DIE PFALZ MUSSTE BLUTEN, und Baden hielt die Hände auf. Gleich zu Beginn des 19. Jahrhunderts fielen nämlich die rechtsrheinischen Teile der Pfalz an den Markgrafen von Baden. Das war eine Folge der Kriege mit Napoleon und dem revolutionären Frankreich, die damals zu einer völligen Umordnung des Deutschen Reiches führte. Daher gilt August Wilhelm von Babo mit einigem Recht als badischer Weinbaupionier. Wurde er doch 1827 in Weinheim geboren, das durch die Ereignisse zu der Zeit gerade gut zwanzig Jahre zum Großherzogtum Baden gehörte. In diesem Lande wirkte er auch zu Anfang seiner bemerkenswerten Laufbahn, die er völlig den Forschungen im Weinbau widmete. Den weitaus größten Teil seines Forscherlebens wirkte er dann allerdings in Österreich.

Es war Markgraf Karl Friedrich von Baden, in dessen Regentschaft der glückliche Zugewinn fiel. Er galt als aufgeklärter Herrscher, schaffte die Folter ab und suchte das Wohl seines Landes durch die Förderung der Wirtschaft zu mehren. Soldaten brauchte er freilich auch, und das ist allzu vielen der Untertanen nicht gut bekommen. Dies trübt das lichte Bild im Weichzeichner doch gleich wieder. Es stehen in jenem Landstrich übrigens auch heute einige Fettnäpfchen herum, in die der Fremde sehr schnell tappen kann. Etwa indem er die Bewohner dort als Badener bezeichnet. Ziemlich oft werden die ihn dann belehren, sie seien Kurpfälzer!

Was nun aber den Wein betrifft, so schrieb Karl Friedrich auch hier Geschichte, zumindest lokale badische. Er war es nämlich, der um 1780 den Gutedel von Vevey am Genfer See hierher brachte. Dort heißt diese Rebe Chasselas, wie auch in Frankreich, und dort lernte er sie angeblich schätzen. In lokalpatriotischem Überschwang dichten ihm einige gar die Urhe-

berschaft für den Namen an. Gemach! Richtig an alledem ist: Vor allem die badischen Winzer zwischen Freiburg und Basel sind ihm bis heute in einer Weise zugetan, die manchen Weinfreund wundert. Mehr noch, der Gutedel wird deshalb synonym oft als Markgräfler Wein generell bezeichnet.
In jener Gegend soll Karl Friedrich sogar auf eigenen Rebflächen Gutedel angebaut haben, der ihm als Mundwein diente. In selbigen müssen wir ihm – und dem badischen Lokalpatriotismus – nun doch etwas Wasser gießen. Früher trug der Gutedel nämlich auch den Namen Junker. Als solcher aber war er bereits im 16. Jahrhundert die wichtigste Sorte der pfälzischen Mittelhaardt. In Franken kannte man ihn seit 1607, und selbst der Name Gutedel ist schon für das Jahr 1621 verbürgt. Jenseits solch kleiner badischer Vergesslichkeiten wissen aber alle: Der Gutedel oder Junker oder Chasselas gilt heute als älteste Kulturrebe. Sie stammte vermutlich anfangs aus dem Zweistromland und wurde bereits vor fünftausend Jahren im alten Ägypten angebaut.
Die Liebe zum Wein teilten die Markgrafen von Baden allerdings mit den Kurfürsten von der Pfalz. Von daher bedeutete der Übergang keinen großen Einschnitt, bei dem Karl Friedrich auch in den Besitz der prächtigen kurpfälzischen Residenzen Heidelberg und Mannheim kam. Dort pflegte man jedoch einen recht eigenen Umgang mit dem göttlichen Getränk. Denn die Kurfürsten frönten der unter einigen Adligen damals grassierenden Riesenfässersucht. Tatsächlich versuchte eine Handvoll Fürsten, sich mit immer größeren Weinfässern gegenseitig den Rang abzulaufen. Und so kam es denn zum Bau der gigantischen Heidelberger Fässer, deren letztes heute die Touristenmassen im Keller des Schlosses über der Stadt und dem Neckar bestaunen. Aber das ist eine rein kurpfälzische Geschichte, sozusagen, die Baden dann später lediglich mit übernommen hat.

Es war einmal: Hohenbaden, einst mächtige Dynastenburg.

Verwirrte Wickler, verwirrte Winzer

„KAI GIFT!“, breit in der Mundart und aus tiefer Brust tönt die Antwort. Das bekommt man immer mal wieder zu hören, fragt man den Winzer, was er da spritzt. Es hat allerdings eine etwas relative Bedeutung, wie sich oft recht rasch zeigt. Kein Gift, darunter fällt nämlich meist so ziemlich alles, was nicht sofort tötet. Etwas spitz gesagt. Gegen die Schadinsekten spritzt man Gift, gewiss; aber die andern Mittelchen gegen Mehltau oder Unkraut, zum Beispiel: „Kai Gift!“

Das glauben sie dann auch. Ohnehin gibt es für alles Empfehlungen, was und wann wogegen zu spritzen ist, das hat gleichsam offiziellen Charakter. Da achten sie drauf, daran halten sie sich, sagen sie. Und erzählen, wie mancher Weinbauer – es ist noch gar nicht lange her – sich einfach drüben im Elsass besorgte, was hier schon verboten und dort noch zu kaufen war. Mancher fand es in Ordnung, selbst wenn er das selber nicht praktizierte. Doch auch bei den erlaubten Mitteln war die Meinung durchaus verbreitet: Viel hilft viel. Wie sonst sollte man der Seuchen Herr werden, einen reichen Herbst bekommen?

Äscherich, Blattfallkrankheit, Roter Brenner! Heuwurm, Sauerwurm, Rote Spinne! Dagegen klingen Kräuselmilbe und Reblaus fast putzig. Dabei war es gerade die letzte, welche den Weinbau völlig umkrempelte, quer durch Europa. Mitte des 19. Jahrhunderts nach Frankreich eingeschleppt, vernichtete sie dort binnen kurzem fast den gesamten Rebenbestand. Schon 1875 war sie auch in Baden angekommen, wurde sie bei Karlsruhe gesichtet, und 1913 kam es zur ersten großflächigen Verseuchung in badischen Rebbergen.

Das war am Efringer Berg, und einen Schuldigen hatte man auch schnell zur Hand. Verantwortlich machte man die gerade laufenden Bauarbeiten, die damals zur militärischen Befes-

Helfer willkommen – wenn sie Insekten und keine Trauben fressen.

tigung am Isteiner Klotz liefen – Krieg lag in der Luft. Die Verantwortlichen hätten nämlich Bauholz verwendet, das zuvor schon drüben im Elsass benutzt wurde, dort in einem verseuchten Weinberg. Doch anderthalb Jahrzehnte später gab es hier am Klotzen neuen Befall. Die Experten vom Weinbauinstitut eilten herbei und sahen die Invasion der Reblaus begünstigt durch Winde, welche von der Burgundischen Pforte hinein ins Rheinknie wehen.

Als Antwort auf die Reblaus ersannen die Rebenforscher des 19. Jahrhunderts die Pfropfrebe: Dazu nahmen sie das Wurzelwerk amerikanischer Weinstöcke, auf das sie die europäischen Edelreben pfropften. Denn die beiden waren jeweils widerstandsfähig gegen eine andere Entwicklungsstufe des Schädlings, womit man ihm insgesamt weitgehend die Nahrungsbasis entzog. Es fällt nicht schwer, sich den Aufwand vorzustellen, um so die riesigen Weinanbaugebiete umzustellen. Die alten Reben herauszureißen und durch die neuen Stöcke zu ersetzen. Das spielte sich ab in regelrechten Kampagnen, und erst vor fünfzig Jahren war man damit fertig in Baden. Die Älteren wissen das noch aus eigenem Erinnern. So prägte sich die Reblaus ins kollektive Gedächtnis der Menschen in Weinbauregionen ein, fast so wie sonst nur noch die biblische Plage Heuschrecke.

Beim Dorffest sich unter die Winzer zu mischen, ihnen am Stammtisch im Wirtshaus zu lauschen, ist stets eine wahre Freude. Jeder weiß was, manche wissen es partout besser, die Argumente fliegen nur so hin und her. Das war vermutlich schon immer so. Eine neue Spielvariante ergab sich, als die „Ökos“ auftauchten, ausscherten und das Gros der Winzer nunmehr zu konventionellen machte. Da gaben gerade in Baden manche gern den Rebellen. Die Debatten wurden dadurch wahrhaft nicht milder, prallten doch jetzt Weltanschauungen aufeinander. Dabei ging's im Kleinen eher um handfeste Fragen: Schworen jene darauf, den Boden zwischen den Rebzeilen sauber zu halten, frei von Bewuchs, lobten diese gerade dessen Segnungen. Grün statt braun: Das raubt den Stöcken die Kraft, sagt die eine reine Lehre, die andere ebenso reine sieht im Kraut Nutzinsekten gedeihen, die dann den Ansturm an Schädlingen in Schach halten sollen ...

... Und so weiter, und so fort, denn der Winzer schlägt sich mit allerlei Pestilenzen herum, für die er das Wundermittel leider nicht kennt. Aufgeregt lärmen die Traktoren durchs Dorf, wenn Spritzen angesagt ist, ausgerüstet mit martialisch wirkender Gerätschaft. So rauschen sie durch die Reben, hoch hinaus wirbeln die feinen Tröpfchen durch die Luft, senken sich herab aufs Weinlaub. Feinem Nebel gleich hängen die Schwaden über den Rebbergen, und seien selbst Spaziergänger unterwegs, die sich plötzlich ebenfalls benetzt sehen.

„Kai Gift", wird der Winzer vielleicht breit und treuherzig brummen, wenn sie ihn böse angucken. Sieht doch jeder gleich, wo er selbst nicht einmal Schutzkleidung trägt. Allerdings tragen viele nie eine solche, ums runde Jahr nicht, egal was sie spritzen. Fragt man den Winzer dann einmal in Ruhe beim Viertele danach, kann man gut diese Antwort hören: „Dann sagen die Touristen, der spritzt ja Gift." So hört sich das jedenfalls an bei den Alten, die noch richtig harte Kerle sind. Vielleicht, darf man da gut und gerne vermuten, trügen sie auch dann keine, wenn nirgends auch nur ein Tourist zu erscheinen drohte.

Überhaupt kann sich mancher nur zögerlich anfreunden mit all dem neumodischen Kram, der jetzt mit gehöriger öffentlicher Begleitmusik in den Rebberg dringt. Wohl machen sie brav mit, wenn in einem Gemeinschaftsakt Pheromonampullen in einer Lage ausgehängt werden. Die verströmen dann Duftstof-

fe, welche die Traubenwickler so verwirren, dass sich Männchen und Weibchen nicht finden. Dann gibt es natürlich auch keine befruchteten Eier und also später im Jahr keine Würmer, welche die Blätter fressen oder die Beeren essigstichig werden lassen.
Klingt schlau. Ist aber schwerer zu begreifen als der Wirbler mit seinen Sprühwolken. Und im Detail beliebig kompliziert, hängt der Erfolg doch an vielen Randbedingungen. Es ist ihnen klar, dass es nur dann überhaupt klappt, wenn keiner sich ausschließt. Wenn's wirklich klappt, werden sie voller Skepsis raunen dabei. Palavern doch selbst die Fachleute noch immer lang und breit in der Sache. Aber naja, wird der Winzer dann vielleicht bedächtig sagen: *„Guet, mer welle's Gift jo au nimmi so."*

Rote Rivalen

MAL MONDÄN, MAL BÄUERLICH DERB: Das Glotterbad hatte schon viel gesehen, bevor das Fernsehen mit der Serie „Schwarzwaldklinik“ die Touristenmassen anlockte. Hat mittelalterlicher Bergbau die Quelle freigelegt? Oder geht das Bad gar auf die Römer zurück? Wir wissen es nicht. Jedenfalls aber war es noch vor hundert Jahren eins der führenden Sanatorien, wo der Großherzog von Baden ebenso abstieg wie englischer Adel. So exklusiv ging's zuvor nur im späten Mittelalter schon mal zu, als hohe geistliche Herrn und der Ritterstand sich dort ein Stelldichein gaben. Was aber nicht gleich heißt, es sei daher gesittet zugegangen. Jedenfalls hielt man es für angezeigt, per Badordnung von 1570 „Manns- oder Weybspersonen“ aufzufordern, sie sollten „ire heimligkeiten zudecken“ sowie „überflissig drincken“ unterlassen. Umgekehrt waren gewisse Vergehen mit Wein zu sühnen. So war es den Gästen „bey straff eines fueder weins“ verboten, abwertende Worte übers Wasser der Quelle zu verlieren. Sprich: deren Heilkraft zu bezweifeln.

Was nun allerdings den Wein betrifft, so machte der in den Augen der Zeitgenossen während der folgenden Jahrzehnte seinerseits Karriere als heilbringend. So schildert Max Föhrenbach, später Landeskommissär in Südbaden, anlässlich eines Besuches sehr humorvoll das eigenartige Badwesen zur Mitte des 19. Jahrhunderts. Da standen also hölzerne Badewannen, verschlossen mit Deckeln und in diesen eine Öffnung. Die war nun gerade so bemessen, um den Badenden im Zuber die Möglichkeit zu bieten, dort Kopf und Hände herauszustrecken. Und so waren die Wannen auch sämtlich besetzt, aus jeder ragte ein Kopf heraus, vor denen auf dem Deckel ein Schoppen Rotwein thronte. Die in den Bottichen aber versicherten, sich nun ganz frei von Übeln und gar verjüngt zu fühlen. Belustigt stellt

Mythos Wasser, Mythos Wein: Brunnen im Rebenland.

unser Gewährsmann fest: „Dass dieses Wonnegefühl mit dem Weinkonsum zunahm, war unverkennbar." Dann weiht er uns ein in die Geheimnisse dieser Frühjahrskur, wie sie ihm zugetragen wurden. Das heiße Bad nämlich trieb demnach das Blut nach außen, wo man es durch Schröpfen oder per Schnappmesser aus der Ader ließ, um es sodann durch Rotwein zu ersetzen, der frisches Blut in die alten Schläuche bringen sollte. Die Trinker waren also, ganz medizinisch, bloß damit beschäftigt, „ihr Geblüt zu erneuern".

Die Wirkung ließ sich natürlich direkt bestaunen, doch unser gewissenhafter Beobachter verfällt ins Grübeln, als er hernach die Badegesellschaft von dannen schwanken sieht. Irgendwie schien ihm der Ausgleichsvorgang des Blutverlusts doch noch verbesserungswürdig: „Entweder hatten sie zu wenig oder zu viel des ausgleichenden Weines in sich, vielleicht auch eignet sich der Glottertäler nicht besonders zur Herstellung des Gleichgewichts."

Au weia. Dabei hält man sich doch im Glottertal bis heute gerade auf seinen Rotwein viel zugute. Ja es ist sogar einiger Wettstreit und viel lokale Kabbelei um die Frage, wer nun den besten Roten hat. Den reklamieren auch die Merdinger am Tuniberg für sich oder die Kappelrodecker mit ihrer Hex vom Dasenstein, die sie da ins Feld führen gegen den Glottertäler Roter Bur. Und in Wasenweiler am Kaiserstuhl verweisen sie gerne auf ganz alte Urkunden, wonach man schon früher den hiesigen über alle Maße lobte. Salomonisch gesprochen: Überall hier gedeiht der Spätburgunder Rotwein gut, mal gerät er vielleicht da ein wenig voller, mal dort, je nach Jahr und Wetter. Denn wenn es ganz böse kommt, kann etwa Hagelschlag den Herbst einer ganzen Lage verderben. Und schließlich, welch ein Glück, verschiedene Geschmäcker kennen wir allemal. Dann aber wollen die Glottertäler doch wenigstens die steils-

ten und höchsten Lagen im deutschen Weinbau haben. Das ist objektiv messbar, und in der Tat gedeihen die Reben hier noch oberhalb von fünfhundert Metern prächtig. Die wirklich steilen Südhänge machen's möglich, wo die Sonne eben sehr lang fast senkrecht einstrahlt. Der ganze Talraum heizt sich wunderbar auf, zumal er geschützt vor den Winden aus der Rheinebene liegt. Für ein ausgeglichenes Kleinklima und auch genügend Feuchtigkeit sorgen die Quellen, die aus dem Gneis der Rebberge entspringen.
So bringen Wässer dem Glottertal gleich mehrfach Segnungen. Neben seiner heilenden Kräfte und als Lebenselixier taucht Wasser von jeher auf in der Mythologie. Gar in mehreren Ortschaften im Breisgau pflegten die bäurisch geprägten Menschen früher einen seltsamen Brauch. Heiligabend um Mitternacht, während der Christmette, strömten sie zu den Brunnen und füllten sich ihre Krüge, während die Glocke ihre zwölf Schläge verrichtete. Diesem Wasser maß man Heilkraft bei, und die Familie setzte sich gleich daheim um den Tisch, wo jeder von dem heiligen Wasser trank. Was dann übrig blieb, kippte man teils in die Viehtränke, teils in das Fass mit dem Hauswein.
Ob Wasser oder Wein oder beides gemeinsam, zur innerlichen wie äußerlichen Anwendung, man pflegte im Glottertal Heilmethoden, von denen sich weder die Ärzte der „Schwarzwaldklinik“ noch deren Bewunderer vorm Fernseher je träumen ließen. Nun, darum ist es wieder stille geworden wie zuvor schon um den einst blühenden Badebetrieb. Allerdings kamen bereits im 19. Jahrhundert viele der ländlichen Schwarzwaldidylle halber hierher, wie unser Gewährsmann Max Föhrenbach ebenso beobachtete, und genossen die Einfachheit, wo noch „Mägde in Volkstracht die Gäste bedienten. Wem dieselben blaue Forellen und feurigen Glottertäler vorgesetzt hatten, der kam gerne wieder.“

Kaiserliche Urlaubszeiten

HIER HEROBEN stockte noch jedem der Atem. Die Mauern des Münsters im Rücken, den rebensatten Eckartsberg grad gegenüber, jenseits der Dächer, scheinbar zum Greifen nah. Längs des Breisacher Münsterbergs strömt unten der Rhein, vom andern Ufer weg räkelt sich das Elsass, erst die Kette der Vogesen hemmt den Blick. Diesseits und weniger fern türmt sich das Gebirge des Kaiserstuhls, legt sich der flache Tuniberg als Riegel vor das Dreisamtal, das bei Freiburg aus den Schwarzwaldhöhen bricht. Und Weingärten überall.

Wer hier heroben steht, hat das ausladende Rheintal fest im Blick. Das wussten schon die Alten. Seit den Tagen der Steinzeit hat noch jedes Volk, jede Kultur in dieser Region den Felsen genutzt. Wann aber mag der Münsterberg erste Reben getragen haben, Vorläufer der kleinen Weingärtchen, die heute seine Flanken zieren? Die Archäologen sagen uns, schon in der Steinzeit habe der Mensch wilde Trauben jedenfalls gesammelt und gegessen. Auch vergoren? Wir wissen es nicht.

Jedenfalls war die Urrebe am ganzen Oberrhein einstens weit verbreitet. Klägliche Reste fanden sich hier nahebei noch in jüngerer Zeit, etwas flussauf bei Neuenburg, ein wenig stromab bei Jechtingen. Breisach war ein wichtiges Zentrum der Kelten. Von ihnen hat es ja sogar den Namen. Der Felsen diente ihnen als Brückenkopf für den Rheinübergang. Sie unterhielten hier einen Flusshafen, der für den Güterumschlag der ganzen Region als Zentralort diente. Nahebei finden wir ihre Gräber längs uralter Straßen. Reiche Funde belegen ihren weit gespannten Handelsverkehr quer durch Europa. Sie schätzten den Wein. Doch bauten sie hier auch schon welchen an? Möglich. Aber nicht belegt. Ganz gewiss hingegen kultivierten die Römer in dieser Region die Rebe. Schier überall birgt der Boden

Über den Dächern von Breisach ruht der Blick weit in der Ferne.

ihre Siedlungsspuren, vom üppigen Bad bis zum kleinen Landgut, sie hatten sich rechts des Rheins ganz kommod eingerichtet. Bevor sie sich unter dem Ansturm germanischer Völker dann doch auf das linke zurückziehen mussten. Und wiederum spielte der Breisacher Felsen die wichtige Rolle, die er davor schon und auch danach wieder spielte. Mehr noch, er sah sogar den Aufenthalt eines leibhaftigen römischen Kaisers.

Die Mauern des Münsters ruhen auf römischen Fundamenten. Unter dem berühmten Kirchenbau liegen die spärlichen Reste eines großen Gebäudes, das einst wohl ähnlich imposant auf dem Felsen thronte. Dafür sprechen die gewaltigen Fundamente, auf welche die mittelalterlichen Baumeister die Mauern ohne Zögern setzten, wo es vom Grundriss des Münsters her passte. Aktuelle Forschungen sagen uns nun, es habe sich gewiss um ein Prätorium gehandelt. Also Residenz und Amtssitz eines hohen Beamten zur Verwaltung der Provinz. Und hier wird auch Kaiser Valentinian I. genächtigt haben, als er auf einer Dienstreise sozusagen am 30. August 369 hier in Breisach einen Erlass unterzeichnete.

Worum aber ging es bei diesem hoheitlichen Akt? Nichts Geringeres stand auf der Tagesordnung als die Urlaubszeiten der Beamten! Nun, die Rechtskultur der Römer ist Legende. Auch deshalb gelang es ihnen, ein riesiges Weltreich aufzubauen, weil sie selbst Legionären und Höflingen ihren Vorteil versprachen – und garantierten. Übrigens hatte noch der einfachste Legionär ein verbrieftes Recht auf die tägliche Weinration. Schon deshalb zogen die Römer am Oberrhein Weinbau im großen Stile auf, des mühseligen Imports irgendwann müde.

Ob Valentinian auf dem Münsterberg im Jahre 369 einen hiesigen Tropfen trank? Oder gab er einem der gerühmten Gewächse aus mediterranen Regionen den Vorzug? Natürlich wissen wir noch nicht einmal gewiss, ob er an jenem Tag überhaupt einen Schluck nahm. Wohl aber glauben wir: Auch er hielt einen kleinen Moment den Atem an, als er zur Schauseite im Prätorium hinausblickte, gerade dort, wo heute die Südwand des Kirchenschiffs hochsteigt. Als er mit kaiserlichem Blick die große, die großartige Landschaft maß.

Burgunder Dreigestirn

SO WIE DER KAISERSTUHL gelegentlich als Inbegriff für Weinbaden gilt, so sehen ihn viele als badische Heimat der Burgunderreben. Richtig daran ist: Sie gedeihen hier wirklich prächtig, der Standort sagt ihnen ungemein zu. Was für andere Sorten, die man hier natürlich ebenso anbaut, nicht immer in der gleichen Weise gilt. Beispielsweise will ein Kaiserstühler Silvaner einfach nicht so munden wie jene vom Maindreieck in Franken. Aber das ist eine andere Geschichte.

Hier also die Burgunder, deren Stammland natürlich Frankreich ist, die bei uns in gewisser Weise zu Gast weilen. Obwohl, am Bodensee in der karolingischen Pfalz Bodman wuchs er schon anno 884 im königlichen Rebgarten, wie Urkunden belegen. Nur hieß er damals in unsern Landen Klebrot oder Clevner. Man wird ihn also doch schon einen Dauergast nennen dürfen. Nicht uninteressant in dem Zusammenhang das Staunen römischer Schriftsteller, die vor zweitausend Jahren ehrfürchtig von einer Rebe erzählten, die sie in Gallien sahen und die dort von keltischen Stämmen gezüchtet, nicht etwa aus dem Süden eingeführt worden sei.

Was ihnen besonders imponierte, war ihre offensichtliche Unempfindlichkeit gegenüber der kühlen Witterung. Ja, sie reife gar erst bei Frost. Das muss man sich vor Augen halten als Kind mediterraner Küsten, stets von wärmender Sonne umschmeichelt. Die heimische Sorte war dem Klima Burgunds eben angepasst, sie gilt als Stammform aller Burgunderreben. Halten viele den blauen Spätburgunder für die edelste Rebe, Abteilung rot, so sehen sie in der Abteilung weiß den Riesling als edelsten Spross. Auch er kommt nicht aus dem Süden, sondern ist nach Ansicht der Experten eine ureigene Züchtung aus Wildreben am Oberrhein: Die der Wärme doch so bedürftige

Rebe liefert ihre besten Gewächse, die für Zunge und Gaumen erkundungswürdigsten Weine ausgerechnet in Gegenden, wo Weinbau an seine Grenzen stößt.
Womöglich war Wein sehr lang eine männliche Domäne. Vielleicht artikulieren Frauen ihre beim Kosten verspürten Empfindungen nicht, oder sie haben einfach ganz andere. In der Männerwelt aber bekommt der Wein nicht selten weibliche Attribute beigesellt. Nannte man da den Spätburgunder auch schon mal vollbusig, so schrieb man in diesem Wertekanon dem Weißburgunder, mit weniger Pathos fürwahr, fraulich vollmundige Weine zu. Richtig feurig aber wird es beim Grauburgunder, auch Ruländer geheißen. Zu diesem Namen kam er, nachdem in einem verlotterten Speyerer Garten um 1700 ein Bürger namens Ruland unbekannte Rebstöcke fand und die Trauben kelterte. Der Wein war offenkundig phänomenal. Stecklinge des nach ihm benannten Ruländers verkaufte er jedenfalls mit prächtigem Erfolg.
Sein ganzes Vermögen, seine Tücke auch, zeigt er freilich weniger in der Pfalz als gerade hier am Kaiserstuhl. Hier kommt er mit voller Wucht ins Glas, legt seine betörende Schwere auf die Zecher. Mit dem Öl sanft eindringlicher Überredung, ja Überwältigung gesalbt: So umschrieb ihn einmal der Schriftsteller Carlheinz Gräter. Ob er da wusste, was man einst in Männerkreisen über ihn sagte, was gelegentlich gar in Weinbüchern zu lesen war? Galt doch der Ruländer als zuverlässiger Helfer des Mannes, seinem Begehren bei der Verehrten schneller Gehör zu verschaffen.
Daran liegt's aber nicht, wenn er jüngst etwas in Verruf geriet. Teils hatte man nicht immer so auf die Güte geachtet, die gerade er schon beim Lesegut verlangt. Teils gerieten schwere, eher süße Weine aus der Mode. Wie man eine ganze Weile nach Ruland bemerkte, stammt auch der Ruländer vom Spätburgun-

der ab, war als dessen Mutation in Frankreich schon lange bekannt. Grauburgunder heißt er in diesem Dreigestirn, und als solcher erlebt er am Kaiserstuhl eine Neubelebung, jetzt aber eher trocken ausgebaut. So trinkt er sich wunderbar. Und doch sollte man den Ruländer mit seiner eigenen Behandlung im Keller, mit seinem späten Lesetermin nicht abschreiben. Aus gesunden Trauben zaubern Kaiserstühler Küfer hier wahre Wunder, wenn alles stimmt. Er rinnt göttlich durch die Kehle, selbst wenn man keinerlei sonstige Absichten hegt.

Wein, Weib und Gesang bilden in unsrer Kultur ein anderes Dreigestirn. Wenn wir denn schon beim Thema sind, wollen wir eine weitere Weinweisheit vom Oberrhein vorm Vergessen bewahren: So heißt es nämlich vom Gutedel, dessen wei-

Mit prallen Formen mitten im Leben – der Ruländer.

te Rebfelder sich südlich des Kaiserstuhls erstrecken, der mache Männer zu besonders zärtlichen Liebhabern. Leider liegen uns keine verlässlichen Berichte vor, wie es mit Ruländer und Gutedel und verliebten Pärchen so kommt. Aber die Sache wäre den einen oder anderen Versuch wohl wert!

Ungarische Rhapsodie

VON EIGENER HAND, nach hergebrachtem Ritual, schlug der Kaiser den Lazarus von Schwendi zum Ritter. Da war der Ritter zwar längst ein Auslaufmodell, aber Schwendi passte doch wenigstens ein Stück weit ins überkommene Bild. In des Kaisers und anderer Kriegsherren Diensten focht er auf vielen Schlachtfeldern. Im Interesse des Reiches eilte er als Diplomat von Fürstenhof zu Fürstenhof. Denn dessen Einheit war zu Zeiten der Religionskriege in größter Gefahr. Den höchsten Ruhm aber, quer durch Europa, erwarb er sich in Ungarn, wo er als oberster Befehlshaber der deutschen kaiserlichen Truppen gegen die Türken kämpfte.

Auf Rebenwogen ruhen die Ruinen des alten Schlosses von Schwendi.

Und schon sind wir mittendrin in einer jener Weinlegenden, die so üppig wuchern wie die Rebe selbst, die oft genug den klaren Verstand foppen wie der Wein. Denn just von jenen Kämpfen in den 1560er Jahren soll er den Ruländer von dort mit an den Oberrhein gebracht haben. Wirklich verbürgt ist nicht einmal, ob er überhaupt Reben mitbrachte aus der Gegend um Tokaj, welche Stadt er berannte und eroberte. Doch wenn, so war es sicher kaum das, was man erst hundertfünfzig Jahre später den Ruländer nennen sollte.

Zwar schaffte, das nun ist verbürgt, Kaiser Karl IV. schon 1375 eine Burgunderrebe nach Ungarn, allerdings an den Plattensee. Wahrscheinlich handelte es sich um jene Spielart, die wir heute als Grauburgunder oder eben Ruländer kennen. Was dann aus ihr wurde, wissen wir nicht. Nahe Tokaj jedenfalls wurde sie gar nicht angebaut, als Lazarus von Schwendi dort weilte. Wenn der wackere Lazarus also eine Rebe genommen haben sollte, der er die Seele des Tokajers zuschrieb, so war es sicher kein Ruländer. Ganz Schlaue wenden nun gerne ein, jene Rebe sei dann eben am Kaiserstuhl zum Ruländer umgezüchtet worden. Auweia.

Hier nämlich, in Burkheim, errichtete Lazarus von Schwendi einen Mittelpunkt seiner weitläufigen Besitzungen zwischen Schwarzwald, Vogesen und Markgräflerland. Hier förderte er den Weinbau wirklich und trachtete, sein kleines Reich in ein Gemeinwesen umzubauen, das auch den Untertanen Wohlfahrt brächte. Nun ist die Tokajerrebe in Baden, im Elsass, ebenso in Württemberg namentlich verbürgt. Allerdings erst seit 1750, und dahinter verbirgt sich eine Sorte aus Ungarn von geringer Qualität, die ganz und gar nicht im edlen Tokajer steckt und die man schon bald danach nicht mehr anbaute. Im Elsass hingegen bürgerte sich der Name Tokajer für Weine aus der Ruländerrebe ein. Vielleicht versprach sich ein Weinhändler frü-

herer Tage dadurch mehr Verkaufserfolg. Jedenfalls ist der Gebrauch seit ein paar Jahren nicht mehr erlaubt.
Für den Anbau unseres heutigen Ruländers am Kaiserstuhl liegen sichere Quellen erst zu Anfang des 18. Jahrhunderts vor. Just zu der Zeit also, wo der Bürger Ruland in Speyer mit seinem Fund Furore machte und einer alten Rebe zum neuen Namen Ruländer verhalf. Hier wie dort können wir nur spekulieren, auf welch verschlungenen Pfaden diese Rebe ihren Weg nahm. Ein heikles Thema noch bei jeder Sorte, denn Reben verbrachte man spätestens seit den Römern in großem Stile quer durch Europa hin und her. Unter vielfältigen Namen, wobei ein und derselbe manchmal gar noch die unterschiedlichsten Sorten benennen konnte. Viliboner hieß man den Ruländer um Bruchsal, sonst in Baden gerne Grauclevner, als er während jenes 18. Jahrhunderts die hiesigen Weingärten mächtig besiedelte. Das belegen die Bittbriefe aus Freiburg, Karlsruhe, Konstanz um immer größere Mengen Reben nun genau, wer Badens Ruländer-Wunder damals beförderte: die Pfalz. Da jedoch wird manch wackerer Badener lieber weiter die Mär vom Lazarus Schwendi spinnen, und sei der von Geburt gar Schwabe gewesen.

Der Geist des Weines weht durchs Dorf

ALS VERSTRÖMTE BACCHUS SELBST seinen Atem im Dorf. So lastet die Luft über den Winzernestern, wenn der Herbst erst glücklich daheim ist. Überall brodelt's in den Kellern, schon hängt der Geist des Weines zwischen den Höfen. Obschon es bis dahin noch reichlich Reifezeit braucht, muss er doch nun erst einmal kräftig bitzeln und richtig krätzern. Das eine oder andere Krüglein fließt trotzdem aus dem Fass. Oder gerade deshalb. Nutzen doch manche den Zustand des Übergangs, des Wandels zu einer regelrechten Federweißenkur. Glücklich, wenn man so gesundheitlichen Nutzen mit purer Lust vereinen kann. Bacchus hätte seine wahre Freude.

Schwer lastet der Hefedunst in den engen Gassen, trägt der Luftstrom flüchtigen Alkohol durch die Kellerluken ins Freie, beschwingt die Sinne. Das ganze Dorf wirkt leichter, heiterer in diesen Tagen. So fühlt es sich an, wenn die Winzer dem Rebberg für die nächste Zeit erst einmal Lebewohl sagen und sich in die Arbeit an Gärbottichen und Fässern stürzen. Zuvor aber, ja da war ...

... Nein, es ist nicht mehr so, wie es einmal war. Auch wenn der eine oder andere Winzer die alte Sitte noch hoch hält und zum Herbstschluss mit seinen Helfern feiert. Das hat mit neuerdings hier und dort inszenierten Umzügen nichts zu tun, sind die doch nur folkloristisches Tamtam für den herbstlichen Lesetourismus. Das eigentliche Feiern auf dem Winzerhof hat privaten Charakter; der Winzer lädt zum Fest, bewirtet seine Lesehelfer und selbstverständlich fließt auch reichlich Wein. Das waren früher schon deshalb größere Gesellschaften, weil mehr Leute in der Ernte mit dabei waren. Wenn zu fortgeschrittener Stunde die Älteren bei heutigen Festen von den alten Zeiten reden, wie sie diese kannten, so malen sie mit kräftigen Farben

ein Bild praller Ausgelassenheit. Bei aller Fröhlichkeit, so ist es heute nicht mehr, nein. Die meisten Winzer laden nicht einmal zur abendlichen Bewirtung am Ende der Lese.
Es ist nüchterner geworden, viele pflegen ihre Reben nebenher, gehen einem andern Berufe nach. So sehr das Hängen am Hergebrachten beschworen wird, einerseits, so wandelt sich doch der Blick auf den Weinstock. Zwar bestimmt er das Leben der Menschen weiterhin, da er ihnen vorgibt, wann er Aufmerksamkeit und Pflege braucht, soll er denn reichen Ertrag bringen. Unter dies Joch beugen sie sich, mal murrend, mal freudig, aber daneben leben sie ein anderes Leben, geben dem Rebstock nicht auch noch Macht über ihre freie Zeit. Der Zugezogene mag darüber staunen, ein Verständnis aber trauen sie ihm in den Dingen nicht zu: *„Dü bisch halt nit mit d'Räbe groß wure."*
Trotz der Nüchternheit aber legt sich dieser Zauberschleier noch immer über die Dörfer, wenn der Most in den Kellern ist. Sofern es ein Geheimnis gibt, zeigt es sich vielleicht im ganz Alltäglichen? Neben den herausgeputzten Winzerhöfen mit Renommierstube zur Weinprobe ducken sich hier und da wenig einladende alte Höfe in den Gassen. Aber eine kunstvoll geschmiedete Ampel mit golden leuchtendem Schild daran weisen sie als Winzerhof aus. Das Durcheinander hinterm Hoftor nährt den Eindruck, hier wusele einer allein vor sich hin.
Der Herr des Hauses stößt die knarzende und quietschende Holztür beiseite, gemeinsam geht's die steile Steintreppe hinab in einen gemauerten Gewölbekeller, wo noch richtig alte Holzfässer liegen. Trotzdem nichts zum Vorzeigen für gängige Weinkäufer, die hätten bloß Angst vor Flecken auf ihrem feinen Tuch. Dann aber stellt er Gläser auf das eine Holzfass, dem einzigen Probiertisch in der Kellerenge, und entkorkt eine Flasche.

Reben geben das letzte Geleit.

Golden, wie draußen das Schild, gluckert der Muskat Ottonel ins Glas und du kostest und weißt: Da hast du einen Zipfel des Geheimnisses in der Hand. Da schafft sich einer ab ohne die Verheißung von Reichtum oder wenigstens größeren Wohlstands. Da treibt einen nichts als der Ehrgeiz, Jahr für Jahr das beste aus der Rebe zu holen.

Oder jener Winzer, der das Gros seiner Trauben an die Genossenschaft gibt, einen kleinen Teil aber daheim für sich selber ausbaut, nicht zum Verkauf. Auch er gibt sich nie zufrieden, grübelt dem Rätsel Wein hinterher, das sich jeden Herbst in neuer Weise stellt, fiebert dem Ergebnis entgegen. Solange seine Kraft ihn lässt. Verlässt sie ihn dann, so klagt er – über die Arbeit, die getan werden müsste und die er nicht mehr schafft: Der Wein liegt lang genug im Fass, er gehörte endlich auf Flaschen gezogen! Er schlurft zum Keller mit dem Krug, lässt Wein hineinlaufen, kommt zurück: *„Do probier der amol“,* schenkt er dem Nachbarn ein, neugierig, was der zum neuen sagt. So wie früher, so wie immer, so wie Jahr um Jahr.

Doch wenn ihn dann die letzte Kraft verlässt und er die Ruhe findet, dann tragen sie ihn hinaus vors Dorf. Dort drückt sich der Friedhof mit seinem gotischen Kirchlein an den Rebberg. Da legen sie ihn ins Grab, und über die Friedhofsmauer winken die Reben her, den letzten Gruß. Der Weinstock aber, ganz ungerührt, gibt den Lebenden weiter den Takt im Jahreslauf, dem sie selbstverständlich folgen. Und vielleicht ist es ja wahr. Vielleicht kann das nur verstehen, *wer mit d'Räbe groß wure isch.*

Weitere Bücher aus dem Wartberg Verlag für Ihre Regi(

Einfach symbadisch! Geschichten und Anekdoten aus dem alten Karlsruhe
Ursula Degen
80 S., geb., zahlr. S/W-Fotos
978-3-8313-1964-0

Aufgewachsen in Karlsruhe in den 60er und 70er Jahren
Sabine Kampermann
64 S., geb., zahlr. Farbfotos
978-3-8313-1992-3

Geschichten und Anekdoten um den Fränkischen Wein
Andreas Seidl
80 S., geb., zahlr. S/W-Fotos
978-3-8313-2065-3

Geschichten und Anekdoten um den Pfälzer Wein
Bernd Eusemann
80 S., geb., zahlr. S/W-Fotos
978-3-8313-2091-2

Wartberg Verlag GmbH & Co. KG
Bücher für Deutschlands Städte und Regionen
Im Wiesental 1 · 34281 Gudensberg-Gleichen · Telefon (0 56 03) 9 30 50
Fax (0 56 03) 93 05-28 · www.wartberg-verlag.de